D0745607

T2-BWT-206

¡QUE VIVAN LOS OBREROS DE CONSTRUCCIÓN!

por Kurt Waldendorf

EDICIONES LERNER ◆ MINNEAPOLIS

Nota para los educadores:

En todo este libro, usted encontrará preguntas de reflexión crítica. Estas pueden usarse para involucrar a los jóvenes lectores a pensar de forma crítica sobre un tema y a usar el texto y las fotos para ello.

ediciones Lerner
Una división de Lerner Publishing Group, Inc.
241 First Avenue North
Mineápolis, MN 55401, EE. UU.

Si desea averiguar acerca de niveles de lectura y para obtener más información, favor consultar este título en www.lernerbooks.com

Library of Congress Cataloging-in-Publication Data

The Cataloging-in-Publication Data for *¡Que vivan los obreros de construcción!* is on file at the Library of Congress.
ISBN 978-1-5124-4136-9 (lib. bdg.)
ISBN 978-1-5124-5385-0 (pbk.)
ISBN 978-1-5124-4974-7 (EB pdf)

Fabricado en los Estados Unidos de América
1 – CG – 7/15/17

LERNER
e
SOURCE

Expand learning beyond the printed book. Download free, complementary educational resources for this book from our website, www.lernerresource.com.

Tabla de contenido

Obreros 4

Herramientas de los obreros de construcción 22

Glosario de las fotografías 23

Leer más 24

Índice 24

Obreros

Los obreros de construcción tienen muchas tareas diferentes.

Ellos trabajan juntos para construir cosas.

Los obreros construyen las carreteras

en las que manejamos.

Ellos hacen los edificios en los

que vivimos.

¿Qué más piensas que construyen los obreros de construcción?

Algunos obreros hacen

cosas de madera.

Ellos usan serruchos

y taladros.

Hacen muros y gabinetes.

Otros obreros construyen

con metal.

Ellos soldan el acero.

El acero mantiene altos los

edificios en las ciudades.

Los plomeros añaden tuberías.

Las tuberías mueven el agua.

Este plomero usa una llave inglesa

para conectar las tuberías.

Otros obreros trabajan

con electricidad.

Ellos colocan cables en los edificios.

Los cables conectan las luces

con la electricidad.

¿Qué más piensas que necesita electricidad en los edificios?

Los obreros a menudo

trabajan afuera.

Ellos trabajan en el calor.

Ellos trabajan hasta

en la nieve.

Los obreros usan cascos y guantes.

Estas cosas les ayudan a los obreros

a mantenerse a salvo.

Ellos también usan cinturones

de herramientas.

¿Por qué piensas que los obreros de construcción usan cinturones de herramientas?

Los obreros de construcción también

destruyen los edificios viejos.

Ellos ayudan a nuestra comunidad.

Herramientas de los obreros de construcción

guantes

casco

cinturón de herramientas

taladro

llave inglesa

serrucho

22

Glosario de las fotografías

cinturones de herramientas

cinturones que contienen muchas herramientas

electricidad

energía utilizada por máquinas

soldar

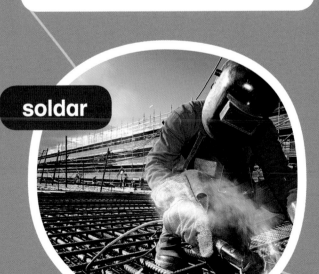

calentar piezas de metal y unirlas

tuberías

tubos de metal o de plástico

23

Leer más

Heos, Bridget. *Let's Meet a Construction Worker.* Minneapolis: Millbrook Press, 2013.

Jeffries, Joyce. *Meet the Construction Worker.* New York: Gareth Stevens Publishing, 2014.

Siemens, Jared. *Construction Worker.* New York: AV2 by Weigl, 2015.

Índice

cascos, 18

cinturones de herramientas, 18

edificios, 7, 11, 15, 21

guantes, 18

plomeros, 12

serruchos, 8

soldan, 11

tuberías, 12

Crédito fotográfico